BEI GRIN MACHT SICH IHR WISSEN BEZAHLT

- Wir veröffentlichen Ihre Hausarbeit,
  Bachelor- und Masterarbeit

- Ihr eigenes eBook und Buch -
  weltweit in allen wichtigen Shops

- Verdienen Sie an jedem Verkauf

Jetzt bei www.GRIN.com hochladen
und kostenlos publizieren

Bibliografische Information der Deutschen Nationalbibliothek:

Die Deutsche Bibliothek verzeichnet diese Publikation in der Deutschen National-bibliografie; detaillierte bibliografische Daten sind im Internet über http://dnb.d-nb.de/ abrufbar.

Impressum:

Copyright © 2019 GRIN Verlag
Druck und Bindung: Books on Demand GmbH, Norderstedt Germany
ISBN: 9783668935969

Dieses Buch bei GRIN:

https://www.grin.com/document/470544

Christoph Kuhl

Ausdauertraining. Erstellung eines Trainingsplans

GRIN Verlag

Deutsche Hochschule für
Prävention und Gesundheitsmanagement
Hermann Neuberger Sportschule 3
66123 Saarbrücken

Einsendeaufgabe

Fachmodul:　　　　Trainingslehre 2

Studiengang:　　　　Bachelor of Arts Fitnessökonomie

Datum
Präsenzphase:　　　17.12. - 19.12.2018

Name, Vorname:　　　Kuhl, Christoph

Studienort:　　　**Berlin**

Semester:　　　**WS 2017**

Inhaltsverzeichnis

1 Diagnose

1.1 Allgemeine und biometrische Daten

In Tabelle 1 werden in einem Eingangsgespräch die Biometrischen Daten des Kunden erfasst. Diese dienen als Grundlage für die spätere Trainingsplanung.

Tabelle 1: Biometrische Daten des Kunden

Alter	20
Geschlecht	Männlich
Körpergröße	190
Gewicht	85kg
Trainingsmotive	Ausdauer verbessern Blutdruck senken Ruhepuls senken
Beruf	Verwaltungsfachangestellter
Aktuelle und frühere sportliche Aktivität	2x pro Woche Fussballtraining (90min) und ein Fussballspiel am Wochenende
Leistungsstufe	durchschnittlich
Trainingsumfang	3-3,5 Stunden/ Woche
Zeitlicher Verfügungsrahmen	3x pro Woche, 45-90min
Blutdruck (gemessen mit einem elektronischen Blutdruckmessgerät)	136/86 mmHg
Ruhepuls (gemessen mit einem elektronischen Blutdruckmessgerät)	66 Schläge pro Minute
Ärztliche Behandlung	Keine
Orthopädische und internistische Probleme	Keine
Medikamenteneinnahme	Keine
Sonstige gesundheitliche Einschränkungen	Keine

Der Blutdruck liegt mit 136/86 mmHg im Blutdruck Bereich „Hochnormal" (Eifler & Israel, 2014, S. 173). Auch bei einem erhöhtem Blutdruckwert kann eine sportliche Aktivität ohne Einschränkungen ausgeübt werden (Hoffmann, 2001, S.20).

Tabelle 2: Blutdruckklassifikation der American Heart Association (modifiziert nach Mancia et al., 2013, S. 1286)

Bewertungsstufen	Systolischer Blutdruck	Diastolischer Blutdruck
Optimale	Unter 120 mmHg	Unter 80 mmHg
Normal	121 - 130 mmHg	81 - 85 mmHg
Hochnormal	131 - 140 mmHg	86 - 90 mmHg
Hypertonie Stufe 1	140 - 159 mmHg	90 – 99 mmHg
Hypertonie Stufe 2	160 - 179 mmHg	100 – 109 mmHg
Hypertonie Stufe 3	Über 180 mmHg	Über 110 mmHg

Im Durchschnitt liegt der Ruhepuls bei einem Erwachsenem Mann bei 60 – 80 Schlägen pro Minute. (Klier, 2013). Der Kunde liegt somit mit seinem Ruhepuls von 66 Schlägen pro Minute im unterem Bereich des Idealwertes und ist somit voll belastbar.

Ausgehend von allen Diagnosewerten, welche in Tabelle 1 zusammengefasst wurden, gibt es keine Risiken, die für eine Einschränkung im Training sprechen würden. Der Kunde befindet sich in keiner ärztlichen Behandlung, nimmt keine Medikamente ein und es liegen keine orthopädischen oder internistischen Probleme vor.
Somit ist der Kunde in der Lage, ein Training bis zur maximalen Belastung zu absolvieren.

1.2 Leistungsdiagnostik /Ausdauertestung

Da die vorangegangene Anamnese des Kunden keine gesundheitlichen Risiken, wie z.B. orthopädische und internistische Probleme oder eine regelmäßige Einnahme von Medikamenten aufgewiesen hat und der Kunde einen positiven Gesundheits-Check unter ärztlicher Aufsicht vorweisen kann, wird der sogenannte Vita-Maxima-Test ausgewählt. Bei diesem Fahrradergometertest wird eine Testung der Ausdauer bis zur maximalens Belastung stattfinden. Somit stellt es eine hohe Belastung an den Kunden dar.

Aus diesen Gründen ist laut WHO der gesundheitliche Zustand des Kunden der wichtigste Faktor für die Durchführbarkeit des Testes.

Tabelle 3: Der Vita-Maxima-Test im Überblick (modifiziert nach Rost, 2002, S. 53)

Zielgruppe	Gut trainierte Sportler
Testgerät	Fahrradergometertest
Belastungsart	Maximale Belastung, Stufentest
Belastungsprotokoll	Eingangsbelastung (50) 100 Watt Belastungssteigerung 50 Watt Stufendauer 3 Minuten Trittfrequenz: ca. 80-100 U/min Ausbelastung 200 - Lebensalter
Abbruchkriterien (Steinacker, Liu & Reißnecker, 2002, S.228)	• Überschreiten der vorher festgelegten Pulsobergrenze • Subjektive Beschwerden • Angina-Pectoris-Symptomatik • Atemnot • starker Hustenreiz unter Belastung • Schmerzen • Schwindel • Blässe und kalter Schweiß • Übelkeit • zu starker Blutdruckanstieg • fehlender Blutdruckanstieg • Blutdruckabfall unter Belastung
Testgröße	Wattzahl der zuletzt durchgefahrenen Belastunfsstufe bei Erreichen der definierten Pulsobergrenze bzw. Zeitinterpolation, wenn die Pulsobergrenze vor dem Ende der entsprechenden Belastungsstufe erreicht wird.
Normbewertung	Relative Soll-Watt-Leistung – Watt pro kg Körpergewicht

Beim Vita-Maxima-Test wird mit einer Eingangsbelastung von 100 Watt gestartet. Diese Eingangsbelastung wird alle drei Minuten um 50 Watt gesteigert.

Das selbe Belastungsschema kann auch bei untrainierteren Personen mit einer Eingangsbelastung von 50 Watt gestartet werden.

Die Wattzahl wird so lange erhöht, bis die Testperson voll ausgelastet ist. Als ausgelastet gilt eine Person, dessen Pulsmindestgrenze von 200 minus Lebensalter erreicht ist (frühester Zeitpunkt der Ausbelastung; Kindermann, 1987a, S. 244 – 268; Rost, 2002, S57).

Sollte die Person eine zu starke subjektives Ermüdung spüren, z.B. dass die Trittfrequenz nicht mehr eingehalten werden kann, oder das Eintreten einer der in Tabelle 3 genannten Abbruchkriterien, wird der Test abgebrochen.

Als Testgröße wird die Wattzahl der zuletzt durchfahrenen Belastungsstärke verwendet.

Tabelle 4: Ergebnisse des Vita-Maxima-Tests

Zeit (in min)	Watt	Herzfrequenz 1 (1/3)	Herzfrequenz 2 (2/3)	Herzfrequenz 3 (3/3)
3:00	100	69	80	92
6:00	150	117	118	125
9:00	200	145	150	160
12:00	250	162	165	170
15:00	300	173	175	180
Watt gesamt:	300			
Watt/Kg	3,53			
Bewertung nach Normwerttabelle	Durchschnittliche Ausdauerfähigkeit			

Im Test wurden insgesamt 5 Stufen absolviert. Nach 15 Minuten wurde die vorher definierte Pulsobergrenze (IPN) erreicht. Der Test wurde mit einer Herzfrequenz von 180 s/min beendet. Da die letzte Stufe vollständig durchfahren wurde, wird dieser Wert für die spätere Berechnung verwendet. Für die Beurteilung der Leistungsstufe des Kunden wird die zuletzt erreichte Wattzahl durch das Körpergewicht (in kg) geteilt.

Tabelle 5: Normwerte Vita-Maxima-Test-Relative Watt-Soll-Leistung für Männer (modifiziert nach Kindermann, 1987a, S. 244 – 268)

Relative Wattleistung pro kg Körpergewicht	Bewertung
3 Watt	Durchschnittliche Ausdauerleistungsfähigkeit (Normalbürger)
4 Watt	Freizeit- bzw. Breitensportler
5 Watt	Leistungssportler (Ausdauer)
6 Watt	Hochleistungssportler (Ausdauer)

Der Kunde liegt mit dem Ergebnis seines Vita-Maxima Tests von 3,53 Watt/kg Körpergewicht im durchschnittlichem Bereich (Kindermann, 1987).

1.3 Gesundheits- und Leistungsstatus der Person

Mit Hilfe des Testergebnises und der Diagnosedaten wird anschließend der Gesundheits- und Leistungsstatus des Kunden bewertet.

Durch eine Verbesserung des Blutdrucks arbeitet das Herz ökonomischer. Dies hat viele gesundheitliche Vorteile für den Kunden und sollte innerhalb des nächsten Mesozyklus angestrebt werden.

Wie in 1.1 beschrieben ist der Kunde gesundheitlich vollständig belastungsfähig. Auch das Testergebnis zeigte keine Gründe auf, die für eine Einschränkung im Training sprechen. Somit sollte ein umfangreiches Ausdauertraining den Kunden vor keine gesundheitlichen Probleme stellen.

2   Zielsetzung/Prognose

Tabelle 6: Ziele des Kunden

Inhalt	Ausmaß	Zeit
Verbesserung der Ausdauer	15-20% (VO_{2max})	In 12 Wochen
Blutdruck senken	5-10 mmHg systolisch, 5-7 mmHg diastolisch	In 12 Wochen
Ruhepuls senken	-6 s/min	In 12 Wochen

1. Verbesserung der Ausdauer

Ein gängiges und geeignetes Maß für die Beurteilung der Ausdauerleistungsfähigkeit einer Person stellt die maximale Sauerstoffaufnahme (VO_{2max}) dar (Hollmann & Hettinger 2000; Keul, Kindermann & Simon, 1978, S. 22 – 32). Als Normwerte für den Kunden unter Berücksichtigung seines Alters und Geschlechts gelten ca. 37-46 ml/kg/min (mod. nach McArdle, Katch & Katch, 2000, S.362). Der Kunde liegt aktuell bei 39,7 ml/kg/min. Diesen Wert möchte der Kunde innerhalb des in Aufgabe 3 dargestellten Mesozykluses auf 46 ml/kg/min zu verbessern.

2. Blutdruck senken

Außerdem möchte der Kunde seinen Blutdruck verbessern. Dieser liegt aktuell bei 136/86 mmHg. Angestrebt ist ein Blutdruckwert von 129/81mmHg. Dieser Wert soll innerhalb des nächsten Mesozykluses erreicht werden. Im Mittel liegt das Ausmaß der Senkung des Blutdrucks bei bis zu 10 mmHg systolisch und bis zu 5 mmHg diastolisch (Kindermann et al., 2003). In der Regel sind die größeren Effekte eines Ausdauertrainings nach ca. 10-12 Wochen zu erwarten (Ärzte Zeitung, 2005).

3. Ruhepuls senken

Durch sein regelmäßiges Training möchte der Kunde sein Ruhepuls senken. Ein niedriger Ruhepuls senkt unter anderem das Risiko für eine Herzkreislauferkrankung. Der liegt aktuell bei 66 Schlägen pro Minute. Als Ziel wurde ein Ruhepuls von 60 Schlägen pro Minute ausgemacht. Dieses Ziel soll innerhalb der nächsten 12 Wochen erreicht werden. Bei einem niedrigerem Ruhepuls arbeitet das Herz ökonomischer und verbessert die Leistungsfähigkeit des Kunden.

3 Trainingsplanung Mesozyklus

3.1 Grobplanung Mesozyklus

Tabelle 7: Grobplanung des Mesozyklus

Dauer	6 Wochen
Trainingszielsetzung	Entwicklung der Grundlagenausdauer (GA1) Stabilisierung der GA 1
Wöchentlicher Belastungsumfang	3-3,5 Stunden
Trainingsmethoden	Extensive Dauermethode (Extensive DM) Variable Dauermethode (Variable DM)
Vorgesehene Belastungsintensitäten	50-60% Hf_{max} (regenerativ) 60-75% Hf_{max} (extensiv) 70-85% Hf_{mx} (variabel)
Trainingshäufigkeit pro Woche	2-3
Trainingsdauer pro Trainingseinheit	30-90 min
Trainingsgeräte	Fahrradergometer, Laufband

3.2 Detailplanung Mesozyklus

Tabelle 8: Detailplanung des Mesozyklus

Woche 1	Mo	Do	Sa
Trainingsziel	GA 1	GA 2	REKOM
Trainingsmethode	Extensive DM	Variable DM	Extensive DM
Trainingsintensität	65-70% Hf_{max}	75-85% HF_{max}	50-60% Hf_{max}
Pulsgrenzen (in s/min)	Pulsuntergrenze: 130 Pulsobergrenze: 140	Pulsuntergrenze 150 Pulsobergrenze 170	Pulsuntergrenze 100 Pulsobergrenze 120
Trainingsdauer	60 min	50 min (5:5)	60 min
Trainingsgerät	Laufband	Fahrradergometer	Laufband
Woche 2	Mo	Do	Sa
Trainingsziel	GA 1	GA 2	REKOM
Trainingsmethode	Extensive DM	Variable DM	Extensive DM
Trainingsintensität	70-75% Hf_{max}	75-85% HF_{max}	50-60% Hf_{max}
Pulsgrenzen (in s/min)	Pulsuntergrenze: 140 Pulsobergrenze: 150	Pulsuntergrenze 150 Pulsobergrenze 170	Pulsuntergrenze 100 Pulsobergrenze 120
Trainingsdauer	60 min	50 min (5:5)	60 min
Trainingsgerät	Laufband	Fahrradergometer	Laufband
Woche 3	Mo	Do	Sa
Trainingsziel	GA 1	GA 2	REKOM
Trainingsmethode	Extensive DM	Variable DM	Extensive DM
Trainingsintensität	70-75% Hf_{max}	75-85% HF_{max}	50-60% Hf_{max}
Pulsgrenzen (in s/min)	Pulsuntergrenze: 140 Pulsobergrenze: 150	Pulsuntergrenze 150 Pulsobergrenze 170	Pulsuntergrenze 100 Pulsobergrenze 120
Trainingsdauer	65 min	55 min (5:5)	60 min
Trainingsgerät	Laufband	Fahrradergometer	Laufband
Woche 4	Mo	Do	Sa
Trainingsziel	GA 1	GA 2	REKOM
Trainingsmethode	Extensive DM	Variable DM	Extensive DM
Trainingsintensität	70-75% Hf_{max}	75-85% HF_{max}	50-60% Hf_{max}
Pulsgrenzen (in s/min)	Pulsuntergrenze: 140	Pulsuntergrenze 150	Pulsuntergrenze 100

	Pulsobergrenze: 150	Pulsobergrenze 170	Pulsobergrenze 120
Trainingsdauer	70 min	60 min (5:5)	60 min
Trainingsgerät	Laufband	Fahrradergometer	Laufband
Woche 5	Mo	Do	Sa
Trainingsziel	GA 1	GA 2	REKOM
Trainingsmethode	Extensive DM	Variable DM	Extensive DM
Trainingsintensität	70-75% Hf_{max}	75-85% HF_{max}	50-60% Hf_{max}
Pulsgrenzen (in s/min)	Pulsuntergrenze: 140 Pulsobergrenze: 150	Pulsuntergrenze 150 Pulsobergrenze 170	Pulsuntergrenze 100 Pulsobergrenze 120
Trainingsdauer	75 min	60 min (5:5)	60 min
Trainingsgerät	Laufband	Fahrradergometer	Laufband
Woche 6	Mo	Do	Sa
Trainingsziel	GA 1	GA 2	REKOM
Trainingsmethode	Extensive DM	Variable DM	Extensive DM
Trainingsintensität	70-75% Hf_{max}	80-90% HF_{max}	50-60% Hf_{max}
Pulsgrenzen (in s/min)	Pulsuntergrenze: 140 Pulsobergrenze: 150	Pulsuntergrenze 160 Pulsobergrenze 180	Pulsuntergrenze 100 Pulsobergrenze 120
Trainingsdauer	80 min	50 min (5:5)	50 min
Trainingsgerät	Laufband	Fahrradergometer	Laufband

3.3 Begründung Mesozyklus

In der Begründung zum Mesozyklus werden nachfolgend die Trainingsparameter erläutert. Aufgrund der im Leistungstest gemessenen Ausdauerleistungsfähigkeit im hohen durchschnittlichen Bereich, wird ein wöchentlicher Belastungsumfang von ca. 3 Stunden aufgeteilt auf drei Trainingseinheiten angestrebt. Diese orientiert sich am „Optimalprogramm für das Ausdauertraining zur Verbesserung der Gesundheit" von Zintl & Eisenhut (2001, S.17-86) und Urhausen und Kindermann (2003, S. 35-50).
Um ein ideales Ausdauertraining für die Grundlagenausdauer (GA1) zu gestalten bildet die extensive Dauermethode die bevorzugte Basis (Neumann et al., 2007; Hottenrott 2006). Vorteile der extensiven Dauermethode liegen unter anderem in der Ökonomisierung der Herz-Kreislauf-Arbeit, in der verbesserten peripheren Durchblutung und damit

in der Entwicklung einer stabilen Grundlagenausdauer. Dies kommt nicht nur dem Ziel der besseren Ausdauerleistungsfähigkeit des Kunden, sondern auch dem Wunsch nach einer Verbesserung des Blutdrucks zu gute.

Grundlage für die Planung des Ausdauertrainings ist die Einhaltung der allgemeinen Trainingsprinzipien. Da diese Prinzipien am Ende zu großen Teilen über Erfolg oder Misserfolg des Plans entscheiden, werden diese in der Begründung des Mesozyklus im nachfolgenden näher betrachtet.

Die Mindestreizschwelle zur Auslösung eines trainingswirksamen Reizes und einer Anpassungserscheinung des Körpers auf ein Training liegen für untrainierte, bzw. durchschnittlich leistungsfähige Kunden bei einer Belastungsintensität von ca. 60-65% der Hf_{max}. Dies trifft auch auf den Beispiel Kunden zu. Bei trainierten Personen liegt der empfohlene Belastungsbereich bei ca. 70-85% der Hf_{max} (ACSM, 2006b, S.141). Der Kunde startet im Mesozyklus bei einer Intensität von mind. 65% und einem extensiven Dauermethoden Training. Somit liegt er im Bereich, in dem er die Mindestschwelle für einen Trainingswirksamen Reiz erfüllt, und nicht zu hoch, dass der Kunde in eine anaerobe Stoffwechsellage gerät, oder zu viel Laktat produziert und daher die vorgegebene Belastungszeit nicht schaffen würde.

Im Trainingsplan des Kunden sind drei Trainingseinheiten pro Woche angesetzt (Montag, Donnerstag und Samstag). Im Optimalprogramm für die Gesundheit und Verbesserung der Ausdauer (Zintl & Eisenhut, 2001, S.17-86; Urhausen und Kindermann, 2003, S. 35-50) sind 3-4 Trainingseinheiten pro Woche vorgesehen. Der Kunde äußerte jedoch im Eingangsgespräch, dass sein zeitlicher Verfügungsrahmen auf drei Trainingseinheiten pro Woche begrenzt ist.

Um eine progressive Belastungssteigerung innerhalb des Mesozyklus zu gewährleisten wurde der Grundsatz „Häufigkeit vor Umfang vor Intensität" verwendet. Da der Kunde mit 3 Trainingseinheiten pro Woche zeitlich allerdings voll ausgelastet ist wurde ein Kompromiss erarbeitet, und es wurden nur Trainingsumfang und Intensität gesteigert. Die Trainingsdauer des Kunden wird erhöht, um das Leistungsniveu anzuheben und zu stabilisieren. Als Richtwert für die Erhöhung der Belastung sind ca. 10 - 15% realisierbar.

Damit der Kunde eine ausreichende Erhohlung und Regeneration während des Meso-zyklus hat, wurde darauf geachtet, dass sich Trainingseinheiten mit hoher und geringer Intensität innerhalb einer Woche abwechseln. Die extensive Dauermethode bildet für den Kunden die Basis für das Ausdauertraining. Um eine vollständige Erholung zu ge-währleisten sollten nach einer GA1 Trainingseinheit mit einem Umfang von mindestens einer Stunde mindestens. 1 Tag Pause, für ein GA 2 Training sogar 2 Tage Pause ge-macht werden (Zintl & Eisenhut, 2001). Da der Kunde drei mal in der Woche trainiert wurde ein Verhältnis von 2:1 (hoher zu niedrige Intensität) ausgewählt.

Für einen individuellen und altersgemäßen Trainingsplan, ist eine Ausdauertestung von hoher Bedeutung. Durch den Vita-Maxima-Test des Kunden wurde eine durchschnittli-che Ausdauerleistungsfähigkeit gemessen (3,53 Watt/kg). Mit Hilfe der Karvonen For-mel (ACSM, 2006) wurde für den Kunden die Pulsober- und untergrenze berechnet. Dem Kunden wird in diesen 6 Wochen ein Pulsrahmen und kein genauer Zielpuls gege-ben, da es bei sehr kleinen Bereichen schwieriger wäre, diesen Bereich konstant zu hal-ten. Des weiteren reicht ein vorgegebene „Zielpulsbereich" für den Kunden aus, um ei-nen trainingswirksamen Reiz zu setzen, und die Grundlagenausdauer weiter aufzubau-en, bzw. zu stabilisieren. Dies kommt auch den Zielen des Kunden, den Blutdruck und den Ruhepuls zu senken zu wollen, entgegen.

Um ein einseitiges Training zu vermeiden, wurde neben dem Laufband auch das Fahr-radergometer in den Trainingsplan integriert. Ein Vorteil des Fahrradergometers ist hierbei insbesondere die sehr genaue individuelle Belastungsdosierung (U/min, Watt-zahl, etc.) für den Kunden.

Da der Kunde jedoch in seiner Freizeit gerne Fussball spielt, liegt der Fokus der Gerä-teauswahl auf dem Laufband. Durch den Wechsel zwischen diesen Ausdauergeräten wird eine Abstumpfung der Trainingsreize vermieden und es kommt zu einer idealen Anpassung des Organismus des Kunden an das Ausdauertraining.

4 Literaturrecherche

In den nachfolgenden Tabellen werden 2 Studien miteinander verglichen, die die Effekte eines regelmäßigen Ausdauertrainings hinsichtlich des Blutdrucks untersuchen. In beiden Studien wurden positive Effekte nachgewiesen, die ein gesundheitsorientiertes Ausdauertraining bei arterieller Hypertonie empfehlen.

Tabelle 9: Studie „The Impact of Pulse Pressure on Cardiovascular Effects of Exercise Training in Hypertension of the Elderly " (Westhoff, 2006)

Name der Studie	The Impact of Pulse Pressure on Cardiovascular Effects of Exercise Training in Hypertension of the Elderly
Autoren	Timm H Westhoff
Publikationsjahr	2006, MDCharité, Campus Benjamin Franklin, Medizinische Klinik IV, Berlin, Germany
Versuchspersonen	51 Personen die den Einschlusskriterien entsprachen und nicht durch Auschlusskriterien nicht beachtet wurden. Einschlusskriterien waren: • Isolierter Systolischer Bluthochdruck (systolisch > 140 mmGg, diastolisch < 89 • Alter > 59 Ausschlusskriterien waren: • Regelmäßige sportliche Beteiligung in den letzten 12 Wochen vor Studienbeginn • Periphere arterielle Verschlusskrankheit • Aorteninsuffizienz • Hypertrophe obstruktive Stenose • Herzinsuffizienz • Absolute Arrhythmien • Systolischer Blutdruck > 180 mmHg • Ischämiezeichen im EKG der Eingangsuntersuchung • Veränderung der medikamentösen antihypertensiven Therapie in den letzten 6 Wochen
Versuchsaufbau	Vor Studienbeginn erfolgte eine Eingangsuntersuchung. Diese beinhaltete eine Testung der kardiorespiratorischen Funktion mittels Ruhe und Belastungs EKG, eine Laufband Spiroergometrie, eine 24 Stunden Langzeitblutdruckmessung und eine Echokardiografie des

Herzens. Anschließend wurden die Testpersonen in 2 Gruppen aufgeteilt. Die Trainingsgruppe führte ein 12 wöchiges Trainingsprogramm auf dem Laufband durch. Die Kontrollgruppe absolvierte kein Training. Die Trainingsgruppe trainierte in den 12 Wochen 3 mal wöchentlich. Die Einheiten wurden nach einem Intervall-Schema absolviert. Dauer und Umfang der Belastung wurden systematisch gesteigert. So wurden die Trainingsintervalle von 5 mal 3 Minuten auf bis zu 30 bis 40 Minuten ohne Unterbrechung systematisch gesteigert. Zwischen den Belastungen wurden 3 Minuten Pause anversiert.

Pausiert, bzw. abgebrochen wurde das Training bei Krankheit, Schmerzen und Bludruckwerten systolisch > 220 mmHg.

Nach 12 Wochen wurden die Werte beider Gruppen noch einmal in einer Abschlussuntersuchung gemessen. Diese war vom Aufbau identisch mit der Eingangsuntersuchung.

Ergebnisse	Verbesserung der maximalen Leistungsfähigkeit der Trainingsgruppe von: 153,4 ± 12,4 Watt auf 197,7 ± 11,1 Watt. Bei der Kontrollgruppe lagen folgende Werte vor: 122,6 ± 10 Watt auf 127,5 ± 10,8 Watt. Verbesserung des Systolischen Blutdrucks bei submaximaler Belastung von 185,2 ± 5,7 mmHg auf 153,8 ± 5,9 mmHg in der Trainingsgruppe. (Kontrollgruppe 189,3 ± 5,6 mmHg auf 167,1 ± 5,3 mmHg.) Verbesserung des Diastolisches Blutdrucks bei submaximaler Belastung 82 ± 3,3 mmHg auf 74 ± 3,5 mmHg in der Trainingsgruppe und 78,7 ± 2,7 auf 73,7 ± 2,9 mmHg in der Kontrollgruppe. Verbesserung der Lakatwerte bei submaximaler Belastung von 1,6 ± 0,2 mmol/l auf 0,9 ± 0,04 mmol/l in der Trainingsgruppe. Bei der Kontrollgruppe gab es keine signifikanten Verbesserungen. Verbesserung der Herzfrequenz bei submaximaler Belastung von 111,4 ± 3,7 /min auf 92,9 ± 2,8 /min. In der Kontrollgruppe gab es keine signifikanten Verbesserungen.
Schlussfolgerungen	Der Versuch zeigt, dass ein regelmäßiges Ausdauertraining sich vielfältig in positiver Weise auf den Blutdruck und auf die allgemeine Gesundheit auswirkt.

Tabelle 10: „Kardiovaskuläre Effekte eines aeroben versus eines isometrischen Trainings bei arterieller Hypertonie" (Vlatsas, 2015)

Name der Studie	Kardiovaskuläre Effekte eines aeroben versus eines isometrischen Trainings bei arterieller Hypertonie
Autoren	Vlatsas, Stergios
Publikationsjahr	2015
Veruschspersonen	70 Patienten mit bekannter medikamentös behandelter arterieller Hypertonie oder einem Blutdruck > 139/89 mmHg ohne medikamentöser Therapie
Versuchsaufbau	70 Patienten wurden in drei Gruppen randomisiert. In der ersten Gruppe waren 22 Personen, welche 5 Mal pro Woche entsprechend der Vorgaben ein 30-45 Minütiges aerobes Ausdauertraining betrieben haben. Die restlichen Patienten wurden in 2 weitere Gruppen aufgeteilt. Eine Gruppe absolvierte über 12 Wochen 5 Mal pro Woche ein isometrisches Training (Faustschlusskontraktion mit 30% der maximalen Kraft). Die restlichen 23 Personen absolvierten das gleiche Training wie die 2. Gruppe, allerdings mit einer Kontraktion von 5% der Maximalkraft (Placebo-Gruppe). Vor, während und nach den 12 Wochen wurden die Biometrischen Werte der Patienten dokumentiert.
Ergebnisse	• Verbesserung des systolischen Blutdruckwertes von 129,1±10,4 mmHg auf 122,7±11,7 mmHg. • Verbesserung des diastolischen Blutdruckwertes von 79,5±8,9 mmHg auf 76,7±10,9 mmHg. • Verbesserung der Elastizitätsindices der kleinen Gefäße von 3,8±2,3 auf 5,4±2,9 und der großen Gefäße von 9,9±2,9 auf 11,5±3,4. • Abfall des totalen peripheren Widerstands von 1798±425 auf 1581±352 dyn*s/cm$^{5.}$ • Keine statistisch signifikante Verbesserung der Gefäßelastizitätsparameter. • Isometrisches Faustschlusstraining hat nach dieser Studie keinen Einfluss auf den Blutdruck von hypertensiven Personen.
Schlussfolgerungen	Ein regelmäßiges aerobes Ausdauertraining hat umfassend positive Effekte auf den Blutdruck und die Gesundheit. Ein Isometrisches Faustschlusstraining hat nach dieser Studie keine positiven Effekte gezeigt.

5 Literaturverzeichnis

American College of Sports Medicine. (2006a). ACSM's Guidelines for Exercise Tes ting and Prescription. ACSM's Guidelines for Exercise Testing and Prescription (7. Aufl.). Philadelphia: Williams & Wilkins.

American College of Sports Medicine. (2006b). Guide-lines for exercise testing and pre- scripiton (5. Aufl.). Philadelphia: Lippincott Williams & Wilkins.

American College of Sports Medicine. (2006c). Resource Manual for Guidelines for Ex- ercise Testing and Prescripiton (5. Aufl.). Philadelphia: Lippincott Williams & Wilkins.

Ärzte Zeitung. (2005). Sport für Hypertoniker – Ja, aber die Tücke liegt im Detail. Zu griff am 08.09.2015. Verfügbar unter http://www.aerztezeitung.de/medi zin/krankhei- ten/herzkreislauf/bluthochdruck/article/355926/sport-hypertoni ker-ja-aber-tu- ecke-liegt-detail.html?sh=14&h=509914252

Eifler, C. & Israel S. (2014): Studienbrief Psychologie des Gesundheitsverhaltens. Saar brücken: Deutsche Hochschule für Prävention und Gesundheitsmanagement

Hoffmann, G. (2001). Hypertonie und Sport. Deutsche Zeitschrift für Sportmedizin, 52 (7-8), 20.

Hollmann, W. & Hettinger, T. (2000). Sportmedizin. Grundlagen für Arbeit Training und Präventivmedizin (4. Aufl.). Stuttgart: Schattauer.

Hottenrott, K. (2006). Trainingskontrolle mit Herzfrequenz-Messgeräten (1. Aufl). Aa chen: Meyer & Meyer.

Kindermann, W. (1987a). Ergometrie-Empfehlungen fuer die ärztliche Praxis. Deutsche Zeitschrift für Sportmedizin, 38 (6), 244-268.

Kindermann, W. (1987b). Metabolismus und hormonelles Verhalten bei aerober und anaerober Muskelarbeit. In H. Rieckert (Hrsg.), Sportmedizin – Kursbestim mung. Berlin: Czwalina.

Kindermann, W., Dickhuth, H.-H., Niess, A., Röcker, K. & Urhausen, A. (2003). Sport-kardiologie. Körperliche Aktivität bei Herzerkrankungen. Darmstadt: Steinkopff.

Klier, H. (2013). Puls Normalwerte. Blutdruckdaten - Einfaches Erfassen und Abrufen Ihrer Blutdruckdaten. Zugriff am 23.12.2018 unter:

http://www.blutdruckdaten.de/puls-normalwerte.html

Keul, J., Kindermann, W. & Simon, G. (1978). Die aerobe und anaerobe Kapazität als Grundlage für die Leistungsdiagnostik. Leistungssport, 8 (1), 22-32.

Neumann, G., Pfützner, A. & Berbalk, A. (2007). Optimiertes Ausdauertraining (5., ü berarb. Aufl.). Aachen: Meyer & Meyer.

Mancia et al.(2013). TheTask Force for the management of arterial hypertension of the European Society of Hypertension (ESH) and of the European Society of Car diology (ESC) . ESH and ESC Guidelines, S. 1286

McArdle, W. D., Katch, F. I. & Katch, V. L. (2000). Essentials of Exercise Physiology (2. Aufl.). Baltimore: Williams & Wilkins.

Rost, R. (Hrsg.). (2002). Lehrbuch der Sportmedizin. Köln: Deutscher Ärzte-Verlag.

Vlatsas, S. (2015). Kardiovaskuläre Effekte eines aeroben versus eines isometri
schen Trainings bei arterieller Hypertonie

Urhausen, A. & Kindermann, W. (2003). Trainingsempfehlungen im Gesundheitssport. In W. Kindermann, H.-H. Dickhuth, A. Niess, K. Röcker & A. Urhausen (Hrsg.), Sport- kardiologie. Körperliche Aktivität bei Herzerkrankungen (S. 35-50). Darmstadt: Steinkopff.

Vlatsas, Stergios. (2015). Kardiovaskuläre Effekte eines aeroben versus eines isometri
schen Trainings bei arterieller Hypertonie

Westhoff, T.H. (2006) The Impact of Pulse Pressure on Cardiovascular Effects of Exer
cise Training in Hypertension of the Elderly. MDCharité, Campus Benjamin Franklin, Medizinische Klinik IV, Berlin.

Zintl, F. & Eisenhut, A. (2001). Ausdauertraining. Grundlagen Methoden Trainingssteu-
erung (5. überarb. Aufl.). München: BLV.

6 Tabellenverzeichnis